Abenteuer Bibel

Aufbruch in ein unbekanntes Land

Von Ägypten nach Kanaan

Titel der englischen Originalausgabe:
Settlers, Warriors and Kings

Sachtexte: John Drane
Zusammenstellung der Illustrationen:
Alan Millard

Fotos:
Alan Millard: 13;
Oxford Scientific Films: 10 (o. li.);
Rockefeller Museum Jerusalem: 3 (u. li.);

Alle übrigen: © Lion Publishing
Darunter die folgenden mit freundlicher Genehmigung von:
Bibelmuseum Amsterdam: 19 (o. re.);
The Trustees of the British Museum: 3 (o. re.);
Eretz Israel Museum, Tel Aviv: 3 (u. ganz li.), 9, 10 (u. li.);
Museum of History, Jerusalem: 17;
Temple-Institut, Jerusalem: 19 (u. re.);

Illustrationen:
© Lion Publishing von:
Chris Molan: 1, 2, 3, 4, 5, 6, 7, 8 (re.),
9, 10, 11, 14, 15 (re.), 18, 20 (re.);
Studio Simone Boni/Studio Luigi Galante: 8 (li.),
12, 13, 15 (li.), 16, 17, 19, 20 (li.).

Karten und Grafiken:
© Lion Publishing von:
Oxford Illustrators Ltd: 1, 2, 3, 4, 6, 9, 13, 14, 18.

Aus dem Englischen von
Heinz-Helmut Bernhardt

Lektorat: Eva-Maria Busch
Bibelzitate (Altes Testament) aus:
Die Gute Nachricht. Die Bibel in heutigem Deutsch,
Deutsche Bibelgesellschaft, Stuttgart

Lizenzausgabe:
1995 Saatkorn-Verlag, Lüneburg
ISBN 3-8150-0997-9
Verlagsarchiv-Nr. 1120 994

Abenteuer Bibel

Aufbruch in ein unbekanntes Land

Von Ägypten nach Kanaan

John Drane

SAATKORN-VERLAG GMBH

Inhalt

1 Flucht aus Ägypten

Die Flucht aus Ägypten war ein Wendepunkt in der Geschichte des Volkes Israel. In Ägypten hatten die Israeliten als Sklaven arbeiten müssen. Doch dann beauftragte Gott einen Mann mit Namen Mose, der das Volk in ein eigenes Land führen sollte.

Das war keine leichte Aufgabe! Pharao, der ägyptische König, weigerte sich lange, das Volk gehen zu lassen, weil er die billigen Arbeitskräfte nicht verlieren wollte. Hinzu kam, daß manche von ihnen so arm und entkräftet waren, daß sie gar nicht fliehen wollten. Aber Mose wußte, daß Gott sich besonders um die Armen und Schwachen kümmert. Deshalb war er entschlossen, Gottes Auftrag zu erfüllen.

Der Weg führte durch das Schilfmeer in die Wüste, die zwischen Ägypten und dem versprochenen Land liegt. Gott zeigte seinem Volk den Weg und versorgte es unterwegs mit Essen und Trinken. Trotzdem waren die Menschen oft unzufrieden und schimpften: „Wären wir doch nur in Ägypten geblieben ..." Unvergessen blieb Mose bestimmt das Erlebnis auf dem Berg Horeb, als Gott ihm die Gesetzestafeln mit den Zehn Geboten gab: Gott zeigte ihm, wie er sich das zukünftige Leben seines Volkes vorstellte.

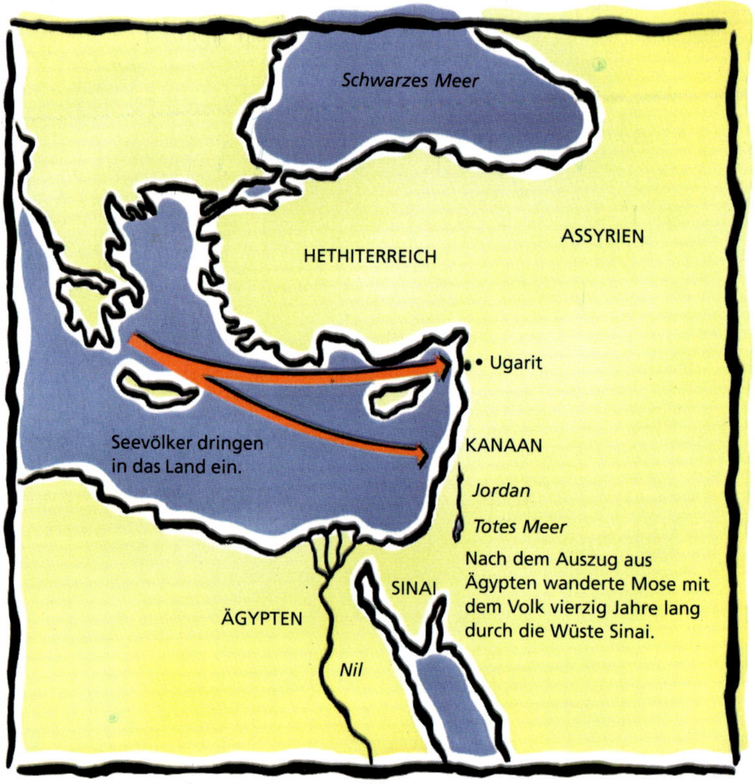

▲ Die Israeliten, die aus Ägypten flohen, waren ein kleines und – verglichen mit den mächtigen Nachbarvölkern – unbedeutendes Volk. Aber Gott hatte etwas Besonderes mit ihnen vor.

◄ Mose führte die Israeliten aus der Sklaverei in die Freiheit – die Freiheit, so zu leben, wie es Gott gefällt.

1500 v. Chr. | 1400 | 1300 | 1200 | 1100 | 1000 | 900 | 800

ISRAEL

1300-1220
Sklavenzeit in Ägypten; sie endet, als Mose das Volk in die Freiheit führt.

1220-1020
Israel besiedelt das Land Kanaan; an der Spitze des Volkes stehen die Richter.

1020-1000
Das Volk fordert einen König – Saul.

1000-965
König David

967-928
König Salomo

KANAAN

1550-1180
Die Stadt Ugarit ist ein bedeutender Mittelpunkt der kanaanitischen Kultur und Religion.

1200
Seevölker (darunter die Philister) dringen in Kanaan ein und besiedeln die Küstenebene; wahrscheinlich zerstören sie Ugarit.

ÄGYPTEN

1390-1340
Die Briefe von Amarna nach Ägypten schildern das Leben der „Habiru" (Hebräer).

1306-1290
Pharao Sethos I.

1290-1224
Pharao Ramses II.

1224-1214
Pharao Merenptah

MESOPOTAMIEN

1112-1074
Tiglatpilesar I. gründet das Neuassyrische Weltreich, das bis 609 besteht.

KLEINASIEN

1450-1200
Hethitisches Großreich (vom Ägäischen Meer bis zum heutigen Iran)

2 Ein neuer Führer

Mose führte sein Volk nicht selbst in das neue Land. Kurz vor seinem Tod, das Land Kanaan schon vor Augen, bestimmte er seinen Nachfolger und übergab ihm die Leitung des Volkes.
Josua war noch jung, aber er hatte besondere Begabungen und Fähigkeiten. Bevor er die Führung übernahm, hatte Mose ihn beauftragt, das Land Kanaan auszukundschaften. Bei seiner Rückkehr brachte er etwas von den Feigen, Trauben und Granatäpfeln mit, die dort wuchsen, so daß den Israeliten das Wasser im Mund zusammenlief. Aber gleichzeitig berichtete er auch von den starken Herrschern des Landes – war es da nicht zu gefährlich, das Land Kanaan einzunehmen? Josua machte sich keine Sorgen, denn Gott hatte ihnen ja das Land versprochen. Er würde ihnen auch helfen.
Josua hatte viel von Mose gelernt. Er hatte verstanden, wie Gott sich das Leben seines Volkes vorstellte: Es sollte als freies Volk im eigenen Land leben, frei von Unterdrückung, Grausamkeit und Armut. Es sollte Gott lieben, ihn allein anbeten und sich besonders um die Armen und Schwachen kümmern.
Josua war ein guter Führer seines Volkes. Er liebte und vertraute Gott. Er wußte, daß ganz normale Menschen mit Gottes Hilfe auch ungewöhnliche Dinge tun können.

Ein fruchtbares Land
Kanaan, die Heimat der Kanaaniter, war ein reiches Land. Es gehörte zu der Gegend zwischen Babylonien im Osten und Ägypten im Westen, die man den „Fruchtbaren Halbmond" nannte.
Die Israeliten waren nicht die einzigen, die an diesem Reichtum teilhaben wollten. Auch andere Nomadenvölker (wie die Amalekiter und Midianiter) hätten es gern in Besitz genommen.

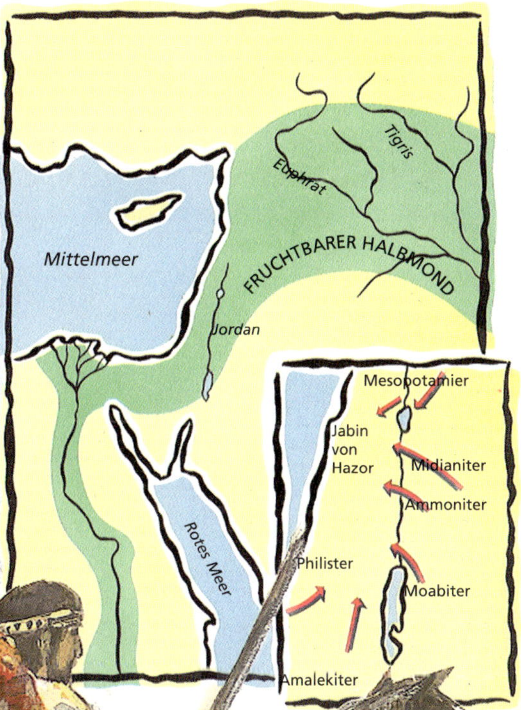

▼Josua bringt aus Kanaan Obst mit, um den Israeliten zu zeigen, wie fruchtbar das neue Land ist. Er sieht aber auch die mächtigen Herrscher, die dort regieren.

Ein guter Rat

Gott sagt zu Josua:
„Sei tapfer und entschlossen! Laß dich durch nichts erschrecken und verliere nie den Mut; denn ich, der Herr, dein Gott, bin bei dir, wohin du auch gehst."
Josua 1, 9

3 Die Kanaaniter

In Kanaan, dem Land, das Gott den Israeliten versprochen hatte, gab es viele große Städte. Jede von ihnen war ein selbständiger kleiner Staat und wurde von einem König regiert.
Selbstverständlich fühlten sich die Kanaaniter von den Israeliten bedroht, und sie leisteten Widerstand.
Die Kanaaniter hatten kein Interesse an der neuen Lebensweise, über die Gott mit Mose gesprochen hatte und die Josua verwirklichen wollte: In Gottes Augen ist jeder Mensch gleich wertvoll, und Gottes Volk sollte sich vor Übervorteilung der Schwachen hüten.

▶ **Götzendienst**
Die religiösen Feiern der Kanaaniter fanden in Heiligtümern statt, die oft auf Hügeln errichtet waren und deshalb „Höhen" genannt wurden.
Die Abbildung zeigt ein solches Heiligtum bei Megiddo.

▼ **Eindrucksvolle Funde**
Die Kanaaniter waren ausgezeichnete Handwerker. Das beweisen Ausgrabungen in Jericho, wo man die Überreste von Möbelstücken und Keramik gefunden hat. Die Menschen lebten damals offenbar in komfortablen Wohnungen – etwa so, wie es die Nachbildung zeigt. Die Schmuckfunde vermitteln uns nur eine schwache Ahnung von den Kunstschätzen, die kanaanitische Handwerker für sich herstellten oder an reisende Händler verkauften.

▼ Kanaanitische Städte
Die kanaanitischen Städte waren viel kleiner als unsere heutigen Städte. Es handelte sich eigentlich um Festungen mit hohen Mauern und Türmen. Das Ackerland befand sich außerhalb der Stadtmauern.

▼ Die Religion der Kanaaniter
Die Kanaaniter beteten zu vielen Göttern und Göttinnen. Ihr oberster Gott hieß El. Am bekanntesten war Baal (oder Hadad), der Gott des Sturms. Aschera (auch Astarte genannt) und Anat waren die Göttinnen der Fruchtbarkeit und des Krieges. Daneben gab es noch viele andere. Die Kanaaniter taten abscheuliche Dinge bei ihren Tempelfesten; dabei wurden auch Menschen grausam mißhandelt oder sogar geopfert.

Die kanaanitische Schrift

Die Kanaaniter hatten gut ausgebildete Schreiber. In der Stadt Ugarit in Nordkanaan gab es große Bibliotheken, in denen viele auf Tontafeln geschriebene Texte gesammelt waren. Auch wir haben den Kanaanitern etwas zu verdanken: Sie entwickelten nämlich leicht lesbare Schriftzeichen und legten damit die Grundlage für unser heutiges Alphabet. Bis dahin lagen den Schriftzeichen des Altertums (zum Beispiel den ägyptischen Hieroglyphen) Bilder zugrunde. Das heißt, es gab ein eigenes Bild für jedes Wort. Das Alphabet hingegen bezeichnet mit wenigen, einfachen Buchstaben die verschiedenen Laute. Damit kann man jedes Wort buchstabieren, und es ist wesentlich leichter, lesen zu lernen.

Das Bild für	Stier	Tür	Hand	Wasser	Kopf
steht für den Laut	a	d	k	m	r
und sieht so aus:					
So sah der Buchstabe im kanaanitischen Alphabet aus:	𐤀	𐤃	𐤊	𐤌	𐤓
700 v. Chr. sah ein griechischer Buchstabe so aus:	A	Δ	K	M	R
Der heutige Buchstabe:	A	D	K	M	R

4 Vor den Toren Jerichos

Gott hatte den Israeliten den Auftrag gegeben, das Land Kanaan einzunehmen. Einige Städte des Landes, darunter Jericho, waren jedoch von den Kanaanitern stark befestigt. Deshalb mußte Josua sich auf kriegerische Auseinandersetzungen vorbereiten.

Bei der Eroberung Jerichos ließ Josua vorher die Stadt ausspionieren. Die Männer fanden heraus, daß manche Einwohner die Israeliten bei einer Eroberung unterstützen wollten. Dazu gehörte Rahab, eine Frau mit schlechtem Ruf. Rahab verhalf Josuas Männern, als diese entdeckt wurden, zur Flucht. Als Dank versprachen die Männer Rahab, daß sie und ihre Familie bei der Eroberung Jerichos verschont würden.

Was die Männer bei ihrer Rückkehr erzählten, machte Josua Mut. Es würde zwar nicht leicht sein, die Heere der reichen und mächtigen Könige zu besiegen, aber sie kämpften ja nicht auf eigene Faust, sondern in Gottes Auftrag.

▲ Die Palmenstadt Jericho war eine Oasenstadt mit lebenswichtigen Quellen mitten in der Wüste. Durch die vielen Palmen, die hier wuchsen, hob sich die Stadt als ein leuchtendgrüner Fleck von der kargen Umgebung ab.

Rahabs Nachkommen

Rahab gehörte zu den Vorfahren Davids, des bedeutendsten Königs von Israel. Das Neue Testament nennt sie sogar im Stammbaum von Jesus. Dort wird sie als Frau mit großem Glauben beschrieben. In Jericho sah man auf sie herab – aber für Gottes Pläne war sie wichtig.

RAHAB UND DIE KUNDSCHAFTER

Die Israeliten lagerten am Jordanfluß, der Stadt Jericho gegenüber. Josua schickte zwei Kundschafter über den Fluß. Sie blieben über Nacht im Hause der Rahab.
Doch der König von Jericho erfuhr von den Fremden. Er schickte Soldaten, damit sie die Spione gefangennehmen sollten. Ohne lange zu überlegen, versteckte Rahab die beiden auf dem Dach ihres Hauses. Als die Soldaten des Königs kamen, sagte sie ihnen: „Die beiden Fremden sind schon wieder weg."
Dann ging sie zu den Kundschaftern aufs Dach und sagte: „Ich weiß, daß Gott dieses Land eurem Volk versprochen hat. Wir haben erfahren, wie er euch aus Ägypten herausführte, und wir haben alle Angst. Versprecht mir, daß ihr meine Angehörigen und mich verschont, wenn ihr die Stadt einnehmt!"
„Du hast unser Leben gerettet", sagten die Männer, „darum versprechen wir, dich und deine Familie zu retten."
Rahab lebte in einem Haus, das in die Stadtmauer gebaut war. So konnte sie die Männer an einem Seil aus dem Fenster hinunterlassen.

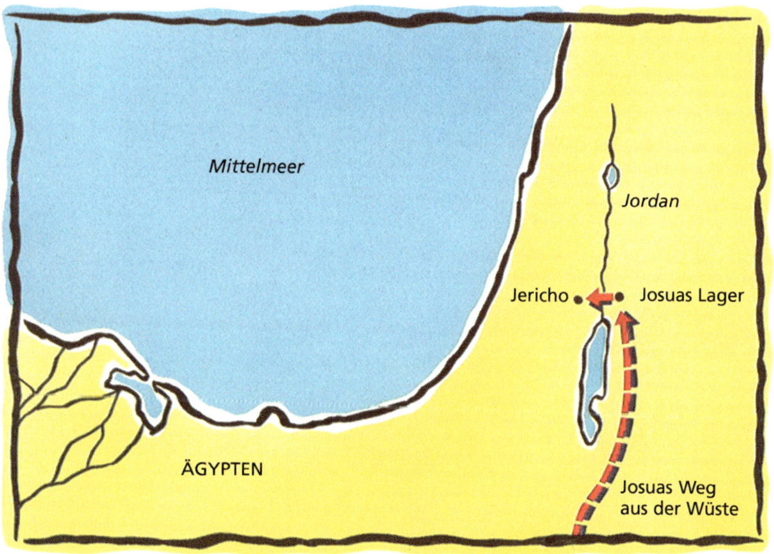

Durch den Jordan

Der schnellste Weg von Ägypten nach Kanaan führt entlang der Küste. Aber Mose wählte mit dem Volk einen längeren Weg durch die Wüste. Dort konnten sie stärkeren Gegnern aus dem Weg gehen, bis sie selbst stark genug waren. Allerdings mußten sie erst den Jordan durchqueren, bevor sie das Land Kanaan erreichen und größere Städte wie zum Beispiel Jericho angreifen konnten.
Gott tat während der Wüstenwanderung viele Wunder. So auch hier: Als die Israeliten vor dem Jordan standen, ließ Gott den Fluß austrocknen, und das Volk konnte gefahrlos hindurchgehen.

5 Jericho – eine erstaunliche Stadt

Wegen ihrer günstigen Lage war es dringend erforderlich, daß Josua die Stadt Jericho eroberte. Andernfalls wäre es schwierig geworden, die weiten Ebenen im Norden des Landes unter Kontrolle zu bringen. Josua hatte vor, bis in die Landesmitte vorzudringen. Von dort aus sollte das Land in kleinen Gruppen besiedelt werden.

▲ **Stadtmauern**
Die Reste dieser Stadtmauer sind jünger als die Mauern zur Zeit Josuas. Trotzdem vermitteln sie uns einen Eindruck, wie die Stadtbefestigung damals vielleicht ausgesehen hat.

◀ **Quellen**
Die Quellen von Jericho werden auch heute noch für die Wasserversorgung der Stadt genutzt.

Schon gewußt?

Jericho gilt als älteste Stadt der Welt. Bereits 9000 v.Chr. sollen hier Menschen gewohnt haben. Als Josua nach Jericho kam, war die Stadt schon mehrfach wiederaufgebaut worden. Die Überreste der älteren Siedlungen liegen unter den Straßen und Häusern der jüngeren begraben.
Archäologen haben inzwischen die verschiedenen Schichten freigelegt, so ähnlich wie man einen riesigen Kuchen aufschneidet. Anhand des Schutts der Jahrtausende läßt sich die Geschichte der Stadt erforschen.
Von der Stadt Jericho zur Zeit Josuas ist heute fast nichts mehr erhalten. Aber in Hazor, Lachisch und Bet-El beispielsweise haben Archäologen Beweise dafür entdeckt, daß diese Städte damals belagert und erobert worden sind.

DIE MAUERN FALLEN

Hohe, dicke Mauern umgaben die Stadt Jericho. Niemand konnte ohne Erlaubnis herein oder hinaus.
Gott sprach zu Josua: „Jericho gehört euch! Ihr braucht nur folgendes zu tun: Sechs Tage lang müßt ihr an jedem Tag einmal um die Stadt marschieren. Den bewaffneten Soldaten sollen sieben Priester folgen, die ihre Posaunen blasen.
Am siebten Tag zieht siebenmal um die Stadt! Und wenn die Posaunen schmettern, soll das ganze Volk so laut schreien, wie es nur kann. Die Stadtmauern werden einfallen, und Jericho wird euch gehören!"
Josua gab seinen Leuten diese Anweisungen, und sie machten genau das, was Gott ihnen gesagt hatte. Am siebten Tag rief Josua: „Ruft laut! Gott hat uns die Stadt übergeben!" Da ertönte ein mächtiges Geschrei, und die Mauern stürzten ein.
Jetzt drangen die Israeliten in die Stadt ein und eroberten sie. Keiner blieb am Leben, nur Rahab und ihre Angehörigen wurden verschont.

6 Freunde und Feinde

Die neue Lebensweise, die das Volk Israel verwirklichen sollte, war einfach zu verstehen. Die Israeliten sollten Gott allein anbeten und nicht vergessen, wieviel Gutes er ihnen getan hatte. Schon in Ägypten, als sie noch in der Sklaverei lebten, hatte er ihnen seine große Liebe bewiesen. Weil Gott auf der Seite der Armen stand, sollte auch sein Volk sich der Armen annehmen.
Manchen Kanaanitern gefiel das, und sie hießen die neuen Siedler in ihrem Land willkommen: zum Beispiel die Einwohner von Sichem. Josua brauchte nicht gegen diese Stadt zu kämpfen. Sichem entwickelte sich zu einem bedeutenden Zentrum des Landes.
Kurz vor seinem Tod berief Josua eine große Volksversammlung in Sichem ein. Er bat die Menschen, feierlich zu versprechen, daß sie Gott allein dienen wollten. Die Menge versprach: „Wir wollen dem Herrn dienen."
Aber es gab auch andere Bewohner des Landes, denen die Ankunft der Israeliten nicht gefiel. Josua mußte oft gegen die Heere von feindlichen Königen kämpfen – und er siegte!
Verglichen mit ihren Feinden verfügten die Israeliten über sehr einfache Waffen. Die Kanaaniter besaßen Pferde und Streitwagen, mit denen sie große Entfernungen schnell zurücklegen konnten. Deshalb gelang es den Israeliten lange Zeit nicht, die Küstenebene zu erobern. Aber die Israeliten waren tapfer. Und im wildzerklüfteten Landesinneren waren Pferde und Streitwagen nutzlos.

Die Verteilung des Landes

Das Buch Josua beschreibt ausführlich, welche Gebiete des Landes an die einzelnen Familien und Volksstämme verteilt wurden. Selbst bedeutende Persönlichkeiten wie Josua erhielten nicht mehr als alle anderen. Josua nannte seinen Besitz Timnat-Serach; das heißt soviel wie „das Übriggebliebene". Er hatte dafür gesorgt, daß die anderen ihren Anteil zuerst bekamen.
Als Josua starb, wurde er in Timnat-Serach begraben. Er hatte Gottes Auftrag erfüllt.

▲ Sichem
So sehen die Ruinen der alten Stadt Sichem heute aus. Zur Zeit Josuas wurden die Israeliten von den dort wohnenden Kanaanitern freundlich aufgenommen.

▼ Die Karte zeigt, wie das Land an die zwölf Stämme Israels verteilt wurde.

▼ Jung und alt
Die ganze Familie beteiligte sich daran, in Kanaan eine neue Lebensgrundlage zu schaffen. Hier schichten die jüngeren Kinder die vom Acker gelesenen Steine zu einer Mauer auf, um die Grenze des Feldes zu markieren. Andere Familienangehörige pflügen und säen.

Die Besiedlung des Landes

Landbesitz war für die Israeliten etwas sehr Wichtiges. Vorher hatte das meiste Land einigen kanaanitischen Königen gehört. Nach Gottes Gebot war nun Gott der Eigentümer. Das Land wurde den Menschen von Gott anvertraut, um es zu bebauen und zu erhalten. Jeder erhielt einen Anteil.

7 Die Richter

Josua hatte große Erfolge bei der Eroberung des neuen Landes errungen. Aber er war damit nicht zum Ende gekommen. Weil die meisten Städte in Kanaan recht weit auseinander lagen, mußte eine nach der anderen erobert werden. Nach Josuas Tod bestand die Gefahr, daß das Volk Israel wieder in einzelne Stämme zerfiel und unterging.
Leider vergaßen die Israeliten immer wieder Gott und seine Gebote und übernahmen statt dessen die Götter der Kanaaniter. Wenn das geschah, wurden die Israeliten oft von ihren Feinden besiegt. Wenn sie aber wieder zu Gott zurückfanden, gelang es den Richtern, sie von ihren Unterdrückern zu befreien. Wer waren diese „Richter"? Wir können sie nicht mit heutigen Richtern vergleichen, die bei Gerichtsverhandlungen das Urteil sprechen. Es waren Männer und Frauen, die Gott berief, um sie aus der Hand der Feinde zu erretten. Manchmal gaben sie den Menschen Ratschläge, wenn diese Gottes Willen erfahren wollten. Wenn sie merkten, daß etwas falsch oder ungerecht war, griffen sie ein und ermahnten das Volk, wieder auf Gottes Gebote zu achten.

▲ **Kriegsschauplatz**
Das Bild zeigt den Berg Tabor. Hier kämpften die Israeliten gegen Sisera.

Debora und Barak

Der Kanaaniterkönig Jabin beherrschte die gesamte Küstenebene des Landes. Ein starkes Heer unter der Leitung von General Sisera sicherte seine Macht. Mit seinen 900 eisernen Streitwagen war Jabin unangreifbar. Schon seit zwanzig Jahren litten die Israeliten unter seiner Schreckensherrschaft.
Den Sieg in der Schlacht verdankte das Volk der Richterin Debora. Aber in Wirklichkeit war es ein Beweis für Gottes Macht. Debora befahl dem Offizier Barak, mit seinen Soldaten den Gipfel eines Berges zu besetzen.
„Heute hat der Herr Sisera in deine Hand gegeben", sagte sie. „Gott selbst zieht vor dir her in die Schlacht." Als Barak sich immer noch fürchtete, bot sie ihm an, selbst mitzukommen. Von dem Berggipfel aus überblickte Barak die weite Ebene. Als die gefürchteten Kriegswagen näherrückten, stürmten die Israeliten dem Feind entgegen. Ein plötzlicher Regenguß verwandelte die Ebene in einen Sumpf. Die Wagen blieben stecken, und die Israeliten gewannen den Kampf.

Das Siegeslied

Ein langes Lied erzählt die Geschichte von Deboras Sieg über Siseras Heer. Es wird geschildert, wie Barak Männer aus den verschiedenen Stämmen zusammenzieht, um gegen den Feind zu kämpfen. Nur mit Schwertern und Speeren bewaffnet, stellen sie sich den schweren Streitwagen entgegen. Als nach einem plötzlichen Unwetter der Kischonbach über die Ufer tritt, versinken Siseras Wagen im Schlamm. Damit ist für Israel die Schlacht gewonnen.

Deboras Lied

„Da kamen sie, die Herrscher Kanaans, sie rückten an zur Schlacht; doch Silberbeute gab es nicht zu holen. Die Sterne selber nahmen teil am Kampf von ihren Himmelsbahnen aus und stritten gegen Sisera. Der Kischon drang heran mit seiner Flut und riß die Feinde mit sich fort."
Richter 5, 19-21

8 Gideon – ein mutiger Mann

Die Kanaaniter waren nicht die einzigen Feinde, mit denen sich die Richter auseinandersetzen mußten. Nicht alle Richter waren so mutig wie Debora. Fast gegen seinen Willen wurde Gideon zum Richter berufen. Und das kam so:
Die Midianiter und Amalekiter, zwei Nomadenvölker aus der Wüste, überfielen regelmäßig zur Erntezeit die israelitischen Siedlungen und raubten Tiere und Getreide. Sie hatten schnelle Kamele, und man konnte sich kaum gegen sie wehren.
Gideon wohnte am Rand der Wüste, und er hatte große Angst vor diesen Überfällen. Deshalb drosch er seinen Weizen heimlich bei Nacht, damit die Midianiter nichts merken sollten. Eines Nachts kam ein Engel zu Gideon. Er beauftragte Gideon, den Altar zu zerstören, den sein Vater dem kanaanitischen Gott Baal gebaut hatte. Gideon tat das noch in derselben Nacht.
Als der Engel aber verlangte, er solle auch gegen die Midianiter und Amalekiter kämpfen und sein Volk befreien, kamen Gideon Zweifel: War es wirklich Gottes Wille, daß er, Gideon, gegen die Feinde kämpfte? Gideon wollte Beweise sehen.

Gideon verlangt Beweise

In der Nacht legte Gideon ein Schaffell aus. Er betete zu Gott: „Wenn morgen früh das Fell feucht vom Tau und der Boden trocken ist, dann glaube ich dem Engel." Genau das trat ein. Noch einmal verlangte Gideon einen Beweis: In der nächsten Nacht sollte das Fell trocken und der Boden feucht sein. Als auch das geschah, wußte Gideon, was Gott von ihm wollte.

GIDEONS HEER

Gideon rief die Stämme zum Kampf zusammen. Aber Gott sagte zu Gideon: „Du hast viel zu viele Männer bei dir. Wer von ihnen Angst hat, soll nach Hause gehen."

Da gingen zweiundzwanzigtausend Männer nach Hause. Zehntausend blieben.

„Das sind immer noch zu viele", sagte Gott. „Geh mit deinen Leuten ans Wasser, und laß sie trinken. Manche werden aus der Hand trinken. Andere werden wie ein Hund das Wasser schlürfen. Suche alle heraus, die wie ein Hund das Wasser trinken. Den Rest kannst du nach Hause schicken." Jetzt blieben noch dreihundert Männer übrig.

In der folgenden Nacht überfielen die Israeliten das Lager der Midianiter. Gideon hatte seine Kämpfer in drei Gruppen eingeteilt. Jeder bekam eine Posaune und einen Krug, der eine brennende Fackel verdeckte. Sie verteilten sich rund um das feindliche Lager. Gideon gab ihnen ein Zeichen – und da bliesen sie alle gleichzeitig in ihre Posaunen. Sie zerschlugen ihre Krüge, so daß nun die brennenden Fackeln zu sehen waren.

In panischem Schrecken ergriff das ganze feindliche Heer die Flucht. In dem Durcheinander gingen sie sogar aufeinander los und brachten sich gegenseitig um. Den kläglichen Rest besiegten Gideons Männer. So hatte Gideon die Midianiter geschlagen.

Die Prüfung

Bestimmt haben alle Gideon für verrückt gehalten, als er sein Heer von 32000 auf nur 300 Mann verkleinerte. Warum verlangte Gott das von ihm? Gott wollte verhindern, daß die Israeliten anschließend stolz auf ihr starkes Heer blicken. Sie sollten wissen, daß sie den Sieg allein Gott zu verdanken haben.

9 Die Philister

Zu den stärksten Gegnern der Israeliten gehörten die Philister. Sie waren keine Ureinwohner Kanaans, sondern gehörten zu den „Seevölkern“, die etwa zur Zeit, als die Israeliten aus Ägypten auszogen, Syrien, Kanaan und Ägypten zu erobern versuchten. In vielen Ländern nahmen sie Städte ein und zerstörten sie, aber sie waren nicht stark genug, Ägypten zu erobern. In Kanaan hatten sie sich in der Küstenregion niedergelassen.

Starke Gegner

In dem Land, das die Israeliten besiedeln wollten, lebte also ein mächtiges Volk: die Philister. Das mußte zu Schwierigkeiten führen.
Die Israeliten konnten die Lebensweise der Philister nicht annehmen, ohne sich von Gottes Geboten abzuwenden, denn dieses Volk verehrte andere Götter. Die Könige der Philister waren Gewaltherrscher, denen Recht und Gerechtigkeit nicht viel bedeutete.
Zur Zeit der Richter kämpften Schamgar und Simson gegen die Philister. Aber erst unter den Königen Saul und David wurden die Philister endgültig von den Israeliten besiegt.

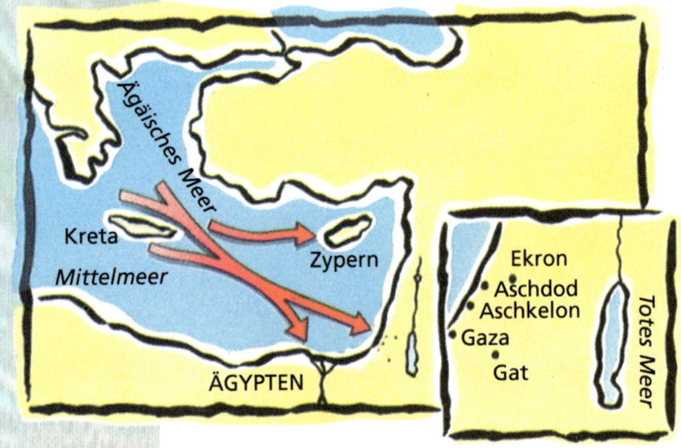

▲ **Die Städte der Philister**
Die Philister waren über das Meer nach Kanaan eingewandert. Ähnlich wie die Kanaaniter wohnten auch sie in fünf Stadtstaaten: Gaza, Aschkelon, Aschdod, Ekron und Gat. In jeder Stadt herrschte ein mächtiger König.

◀ **Griechische Herkunft**
Die schwarz-roten geometrischen Muster auf der Keramik der Philister ähneln auffallend dem Stil, der damals auf den griechischen Inseln vorherrschte. Wahrscheinlich segelten die Philister von dort her über das Mittelmeer bis nach Kanaan.

Die Götter der Philister

Die Bibel nennt drei Götter der Philister: Dagon, dessen Tempel in Gaza und Aschdod standen, Baal-Sebub, den man in Ekron verehrte, und Astarot. Dagon war der Erntegott. Baal-Sebub bedeutet „Gott Baal" (Herr der Fliegen); er war der Wettergott. Astarot war – wie die kanaanitische Astarte – die Göttin der Fruchtbarkeit. Wahrscheinlich glich der Götzendienst der Philister dem der Kanaaniter. Die Abbildung zeigt die Reste eines Philistertempels bei Tell Qasile.

◀ **Eroberer**
Auf Schnitzereien, die man in Ägypten gefunden hat, sind die Philister mit ihren Schiffen zu sehen. Die langen Boote mit dem hohen Bug waren Einmaster mit trapezförmigen Rahsegeln.
Die Philister kamen als Eroberer. Ihre Krieger trugen federverzierte Helme mit Halsriemen und Lederröcke. Da die Philister bereits die Eisenverarbeitung beherrschten, konnten sie Waffen herstellen, die denen der Israeliten überlegen waren.

▲ **Die Wohnhäuser der Philister**
Die Wände wurden aus Lehmziegeln gebaut, die Dächer bestanden aus Ästen, die mit Lehm beworfen waren.

10 Simson – ein starker Mann

Auch Simson war ein Richter. Er spielte eine wichtige Rolle bei der Befreiung seines Volkes von den feindlichen Philistern. Schon vor seiner Geburt war Simson etwas Besonderes. Seine Eltern waren lange kinderlos geblieben, aber eines Tages schickte Gott einen Engel zu Simsons Mutter. „Du wirst einen Sohn bekommen“, sagte der Engel zu ihr und ermahnte sie: „Du sollst deinem Sohn niemals die Haare schneiden.“ Simson sollte nämlich ein „Nasiräer“ sein, das heißt ein Mensch, dessen Leben in besonderer Weise Gott gehörte.
Schon in seiner Jugend zeigte Simson, wie tapfer und stark er war. Die Philister hatten Angst vor ihm. Aber es gab auch schwache Punkte in seinem Leben, und er wurde Gott ungehorsam.

Simson schlägt die Philister

Als Simson eines Tages durch die Weinberge ging, griff ihn ein Löwe an. Simson erwürgte ihn – mit bloßen Händen! Da wußte er, daß Gott ihm besondere Kräfte gegeben hatte, die er nun im Kampf gegen die Philister einsetzte.
Bei einer Gelegenheit fing Simson dreihundert Füchse ein, band ihnen brennende Fackeln an die Schwänze und jagte sie in die Weizenfelder der Philister. Die ganze Ernte der Philister verbrannte.
Mit dem Unterkieferknochen eines Esels erschlug Simson viele Philister, die ihn gefangennehmen und töten wollten.
Als ihn seine Feinde einmal umstellt hatten, riß er das Tor aus der Stadtmauer und entkam.
Die Philister waren wütend. Sie wollten Simsons Blut fließen sehen.

Nasiräer

Ein Nasiräer war ein Mensch, dessen Leben in besonderer Weise Gott gehörte. Er durfte sich die Haare nicht schneiden lassen, keinen Wein trinken und keinen Toten berühren. Auch der Prophet Samuel und Johannes der Täufer werden in der Bibel als Nasiräer beschrieben.

Schon gewußt?

Delila versuchte, Simsons lange Haare zu verweben. Vielleicht benutzte sie dazu einen solchen Webstuhl. Die mit Gewichten versehenen Kettfäden hingen an einem Balken. Der Weber zog den Wollfaden – in diesem Fall Simsons Haare – abwechselnd über und unter den Kettfäden durch. Obwohl Simson so fest angebunden war, hatte er keine Mühe, sich zu befreien.

SIMSONS GEHEIMNIS

Was war das Geheimnis von Simsons Kraft? Die Herrscher der Philister hätten alles darum gegeben, das zu erfahren. Als sich Simson in die Philisterin Delila verliebte, nutzten sie die Gelegenheit. Die Philisterfürsten versprachen Delila viel Geld, wenn sie Simsons Geheimnis verraten würde.

„Wenn du mich lieb hast, dann verrate mir doch, wieso du so stark bist“, wollte das Mädchen wissen. Jeden Tag bettelte sie um Simsons Antwort. Zuerst lachte Simson über sie. Doch schließlich verriet er ihr sein Geheimnis.

„Noch niemals ist mein Haar geschnitten worden“, sagte er. „Das ist das Zeichen, daß ich Gott gehöre. Meine Kraft kommt von ihm.“ Delila wartete, bis er eingeschlafen war. Dann verriet sie ihn an seine Feinde. Die Philister kamen und schnitten ihm seine Haare ab. Jetzt war Simsons Kraft dahin. Sie stachen ihm die Augen aus, legten ihn in Ketten und brachten ihn in die Stadt Gaza. Dort mußte er im Gefängnis die Mühle drehen und Mehl mahlen.

Doch die Zeit verging, und Simsons Haar wuchs wieder. Er wußte jetzt, daß seine Kraft nicht ihm allein gehörte. Gott hatte sie ihm zu einem besonderen Zweck gegeben.

Eines Tages feierten die Philister ein Fest zu Ehren ihres Gottes Dagon. Sie brachten Simson in den Tempel Dagons und trieben ihre Späße mit ihm. Simson betete zu Gott, dann ergriff er die zwei mächtigsten Mittelsäulen und stemmte sich mit aller Macht gegen sie. Der Tempel stürzte ein und erschlug alle Menschen, die darin waren.

11 Rut – die Ausländerin

Im Gegensatz zu vielen Kriegs- und Kampfgeschichten im Alten Testament beschreibt das Buch Rut eine Familiengeschichte. Alles fängt damit an, daß ein Mann mit Namen Elimelech, seine Frau Noomi und ihre beiden Söhne ihren Heimatort Bethlehem verließen, weil in Israel eine Hungersnot herrschte. Im Land Moab fand die Familie eine neue Heimat. Die beiden Söhne heirateten dort einheimische Frauen.
Aber das Glück der Familie fand ein jähes Ende: Elimelech starb – und wenige Jahre später auch die beiden Söhne. Da entschloß sich Noomi, in ihre Heimat zurückzukehren. Eine ihrer Schwiegertöchter, Rut, wollte Noomi nicht verlassen. So kamen die beiden Frauen nach Bethlehem.

RUTS NEUE FAMILIE

Noomi und Rut waren sehr arm. Jeden Tag ging Rut hinaus auf die Felder. Wenn sie abgeerntet waren, las sie dort die liegengebliebenen Ähren auf. Abends drosch sie die Körner aus und mahlte Mehl daraus, das sie zum Brotbacken brauchten.
Rut wußte nicht, wem das Feld gehörte, auf dem sie gerade Ähren las. Eines Tages kam der Besitzer. Es war Boas, ein reicher Verwandter von Elimelech, ihrem Schwiegervater.
„Wer ist das Mädchen?" fragte Boas seine Leute. „Das ist das ausländische Mädchen, das mit Noomi hierhergekommen ist", antwortete einer seiner Arbeiter. „Seit dem frühen Morgen sammelt sie fleißig und unermüdlich die Ähren."
„Du kannst auf meinem Feld bleiben", sagte Boas zu Rut. „Und wenn du Durst hast, dann trinke Wasser aus den Krügen."
Als Rut am Abend nach Hause kam, erzählte sie Noomi, was geschehen war. Noomi freute sich sehr. Sie wußte, daß Boas ein guter Mensch war. Vielleicht hatte Rut ihm ja gefallen? Es war Noomis sehnlichster Wunsch, daß Rut wieder einen Mann bekam. Damals mußten sich in Israel die nächsten Verwandten um die Frauen und Kinder kümmern, wenn ein Mann gestorben war. Boas bewunderte Rut, die sich so liebevoll um ihre alte Schwiegermutter kümmerte. Bald darauf bat er Rut, ihn zu heiraten. So sorgte Gott für diese Frau aus einem fremden Land.
Als Rut einen Sohn zur Welt brachte, gab es in ganz Bethlehem keine glücklichere Frau als Noomi. Der Junge hieß Obed; er wurde der Großvater von König David.

Unterstützung für die Armen

Gottes Gesetze für Israel enthielten besondere Vorschriften als Hilfe für die Armen. Die Erntearbeiter ließen Ähren liegen, damit die Armen sie aufsammeln konnten, wie es die Geschichte von Rut zeigt.

Im Gesetz stand zum Beispiel:

„Wenn ihr erntet, sollt ihr euer Feld nicht bis an den Rand abernten. Auch eure Weinberge sollt ihr nicht ganz ablesen und die heruntergefallenen Trauben nicht aufheben. Laßt etwas übrig für die Armen und für die Fremden, die in eurem Land wohnen" (3. Mose 19,9-10).

Solche Gesetze kannten Israels Nachbarvölker nicht. Die Israeliten sollten daran erinnert werden, daß auch sie einmal Sklaven in Ägypten gewesen sind. Alles, was sie hatten, verdankten sie Gott. Und weil Gott so liebevoll und großzügig ist, sollte auch sein Volk großzügig sein und die Armen unterstützen.

12 Samuel – der letzte Richter

Samuel war der letzte Richter in Israel. Schon als Kind wurde er von dem Priester Eli im Heiligtum Gottes erzogen. Und das kam so:
Samuels Mutter Hanna hatte Gott lange um ein Kind gebeten. Es galt damals als Schande oder sogar als Strafe Gottes, keine Kinder zu haben. Als Hanna endlich einen Sohn bekam, war sie sehr dankbar. Sie wollte ihn ganz und gar Gott zur Verfügung stellen. Darum brachte sie ihn, sobald der Junge alt genug war, ins Heiligtum nach Silo.
Es war sicher nicht leicht für Samuel, mit dem alten Priester Eli im Heiligtum zu leben. Nur einmal im Jahr besuchten ihn seine Eltern. Aber Gott vergaß ihn nicht.

▼ **Das Heiligtum in Silo**
Als die Israeliten Kanaan besiedelten, schlugen sie die Stiftshütte (ein Zelt, in dem Gott gegenwärtig sein wollte) zuerst in Silo auf. Zur Zeit Elis war anstelle der Stiftshütte dort bereits ein Tempel gebaut worden. Das Foto zeigt die Ruinen alter Gebäude, die man in Silo entdeckt hat.

▼ Durch das Heiligtum wurde Silo zu einem bedeutenden religiösen Mittelpunkt des Landes. Einmal im Jahr kamen die Menschen von weit her, um das Erntefest (Laubhüttenfest) zu feiern. Viele von ihnen waren tagelang unterwegs, sie übernachteten wahrscheinlich in Zelten.

WER HAT GERUFEN?

Samuel schlief im Gotteshaus. Eines Nachts schreckte er aus dem Schlaf. Jemand hatte seinen Namen gerufen! Samuel lief zu Eli; aber der hatte ihn nicht gerufen. Also ging er wieder schlafen.
Noch einmal hörte er seinen Namen. „Du hast mich gerufen? Hier bin ich!" sagte er. Doch Eli hatte ihn wieder nicht gerufen. Da wußte der alte Priester, daß es Gott gewesen war, der Samuel gerufen hatte.
Als dann die Stimme zum dritten Mal ertönte: „Samuel! Samuel!", da antwortete der Junge so, wie Eli es ihm geraten hatte.
„Rede, Herr!" sagte er. „Dein Diener hört."

▲ Samuel war noch ein kleiner Junge, als Gott zum ersten Mal mit ihm sprach. Die meisten Menschen hätten wahrscheinlich erwartet, daß Gott nur zu Eli und seinen Söhnen reden würde, weil sie Priester waren und im Tempel dienten.
Aber Gott redet auch zu ganz einfachen und normalen Menschen. Viele Jahrhunderte später erklärte Jesus den Menschen: „Werdet wie die Kinder! Sonst könnt ihr nicht in Gottes Reich kommen."

Was sagte Gott zu Samuel?

Gott kündigte Samuel an: „Ich muß Elis Söhne bestrafen, weil sie meine Gesetze übertreten haben, obwohl sie Priester sind. Keiner aus seiner Familie soll jemals wieder mein Priester sein." Gott wollte Samuel zu seinem Boten machen, der sein Volk ermahnte, auf Gott zu hören.
Und so kam es auch. Als Samuel erwachsen war, forderte er das Volk auf, nicht mehr die Götter der anderen Völker (zum Beispiel Baal und Astarte) anzubeten, sondern allein Gott.
Daraufhin konnten die Israeliten endlich ihre langjährigen Feinde, die Philister, besiegen und eine Zeitlang in Frieden leben. Samuel gelang es, die vielen unterschiedlichen Stämme zusammenzuschließen, so daß sie sich als ein Volk fühlten. Einmal im Jahr reiste er durch das Land, um die Menschen zu beraten und Streit zu schlichten.

13 Saul – der erste König

Die Heere der Philister schienen von Tag zu Tag mächtiger zu werden. Schließlich wußten die Führer der israelitischen Stämme sich nicht anders zu helfen: Sie gingen nach Silo, holten die Bundeslade aus dem Heiligtum und zogen mit ihr in die Schlacht.
Die Idee war gut. Wenn ihre Feinde die Lade sehen würden, so meinten die Israeliten, würden sie bestimmt die Flucht ergreifen.
Aber alles kam anders. Was keiner für möglich gehalten hatte, geschah: Die Philister erbeuteten die Bundeslade und besiegten die Israeliten. Gott hatte zugelassen, daß der heiligste Gegenstand der Israeliten in die Hände ihrer Feinde fiel!
Der Triumph der Philister dauerte nicht lange. An allen Orten, wo die Bundeslade hinkam, brachen Seuchen aus. Schließlich lud man die Lade auf einen Karren und schickte sie zu den Israeliten zurück.
Samuel war inzwischen alt geworden, und die Israeliten machten sich Sorgen, wer nach seinem Tod das Volk führen sollte.
„Wir brauchen einen König – wie alle anderen Völker auch“, sagten die Menschen zu Samuel.
Samuel wußte, daß dieser Wunsch nicht gut war. Gott selbst wollte nämlich der oberste Herrscher seines Volkes, also so etwas wie ein König sein. Seit dem Auszug aus Ägypten hatte er sein Volk geleitet und ihm Gebote gegeben. Wenn Feinde kamen, hatte Gott mutige Führer berufen, um Israel zu retten. Wozu brauchte das Volk einen König, der auf Dauer Macht besaß? Samuel warnte die Menschen vor den Folgen.

Samuels Warnung

„Ich sage euch, was ein König von euch verlangen wird: Er wird eure Söhne als Soldaten in den Dienst nehmen. Ihr werdet sein Land bestellen und Waffen herstellen müssen. Er wird euch die besten Äcker, das beste Getreide und das beste Vieh wegnehmen und euch zu Sklaven machen. So verhalten sich Könige. Ihr werdet es noch bereuen, einen König verlangt zu haben.“
1. Samuel 8, 11-18

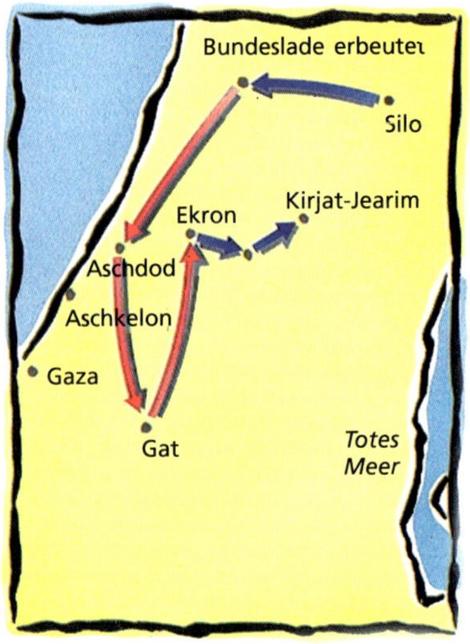

Der Weg der Bundeslade
Die Philister erbeuteten die Bundeslade von den Israeliten und brachten sie nach Aschdod. Als dort eine Seuche ausbrach, transportierten sie die Lade nach Gat. Als dort – wie auch später in Ekron – das gleiche passierte, entschlossen sie sich, die Bundeslade zurückzubringen.

Die Warnung wird mißachtet

Einige Israeliten glaubten Samuels Warnung. Vielleicht dachten sie an die Grausamkeit der kanaanitischen Könige. Aber die Mehrheit des Volkes forderte einen König, und Samuel mußte nachgeben.

Gott zeigte Samuel den geeigneten Mann: Saul gehörte zwar zu dem kleinen Stamm Benjamin, aber er war ein tapferer Krieger und überragte – im wahrsten Sinne des Wortes – alle anderen um Haupteslänge.

Die Salbung

Als Samuel wußte, wer der erste König von Israel sein sollte, salbte er Saul mit Öl. Gesalbt wurden damals die Priester und auch manche Tempelgeräte. Es sollte zeigen, daß dieser Mensch oder Gegenstand in besonderer Weise zum Dienst für Gott bestimmt war. Auch Saul sollte nicht nur Oberster des Volkes und Heerführer, sondern zugleich Gottes Beauftragter sein.

▲ Vielleicht benutzte Samuel solch einen kleinen Krug, um das Salböl aufzubewahren.

◀ **Der König versteckt sich**
Saul war schon von Samuel zum König gesalbt worden. Aber am Tag seiner öffentlichen Ernennung bekam er es mit der Angst zu tun. Während der großen Volksversammlung versteckte er sich im Lager. Seine Familie mußte ihn erst aus dem Versteck holen, bevor Samuel dem Volk seinen neuen König vorstellen konnte.

14 Saul – ein mutiger Führer

Saul erwies sich als guter Führer. Er war so, wie sich das Volk einen König wünschte: unerschrocken, tapfer und Gott gehorsam. Schon bald mußte er sich im Kampf bewähren.
Die Stadt Jabesch in der Landschaft Gilead auf der rechten Jordanseite lag ziemlich weit von den meisten anderen israelitischen Städten entfernt. Sie konnte leicht von Feinden angegriffen werden – besonders von den Ammonitern, die am Rand der Wüste wohnten.
Als die Einwohner von Jabesch eines Morgens aufwachten, stellten sie fest, daß die Stadt von einem feindlichen Heer umzingelt war. Sie konnten wenig dagegen unternehmen, denn Hilfe war weit weg und würde so schnell nicht eintreffen. Deshalb boten sie den Gegnern an, sich zu unterwerfen.
Aber der Führer der Ammoniter war ein grausamer Mann. „Wir sind nur dann zum Frieden bereit, wenn wir jedem Einwohner der Stadt das rechte Auge ausstechen dürfen", sagte er. Das konnten die Bewohner natürlich nicht zulassen, jedenfalls nicht kampflos. Es gelang ihnen, heimlich einen Boten zu Saul zu schicken.
Als Saul von der Lage in Jabesch erfuhr, machte er sich mit einem großen Heer auf den Weg, um gegen die Ammoniter zu kämpfen. Nach einer heftigen Schlacht behielt er die Oberhand.
Nun zweifelte niemand mehr daran, daß Saul ein guter König war. Bald darauf feierte man seine Krönung mit einem großen Fest in Gilgal.

▼ Ein König ohne Reich
Saul schaffte es nicht, das Land Kanaan vollständig unter Kontrolle zu bringen. Im Süden gab es noch die drei mächtigen kanaanitischen Städte Jerusalem, Ajalon und Geser. Im Norden kontrollierten die Philister alle wichtigen Straßen. Saul hielt sich ständig in seiner Festung in Gibea auf, und das Volk bekam ihn kaum noch zu Gesicht.

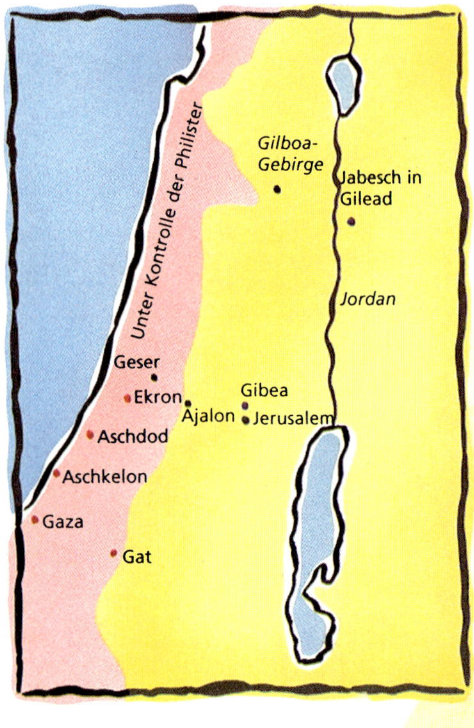

Sauls Regierungszeit hatte großartig begonnen. Aber leider tat er wenig später doch genau das, wovor Samuel gewarnt hatte. Anstatt nur dann ein Heer aufzustellen, wenn Feinde das Volk bedrohten, baute er ein Berufsheer auf, das ihm unterstellt war und ihn beschützte. Natürlich kostete all das viel Geld, und die Menschen im Land mußten hohe Steuern zahlen, um für die Kosten aufzukommen.

Harte Zeiten
Saul brauchte viel Geld, um sein Berufsheer auszubilden und in Alarmbereitschaft zu halten. Deshalb mußten auch die Ärmsten im Volk Steuern zahlen. Das machte Saul bald unbeliebt.

15 David – der Hirtenjunge

Saul wurde immer unbeliebter bei den Menschen im Volk. Wenn sein Heer wenigstens stark genug gewesen wäre, um die mächtigen Philister zu besiegen ... Aber das gelang Saul und seinen Soldaten nicht.
Mit der Zeit wurde Saul launisch und schwermütig. Er glaubte, keinem mehr trauen zu können, nicht einmal Samuel. Er nahm keinen Rat an und lebte einsam und zurückgezogen.
Auch die Begegnung mit David trug nicht dazu bei, ihn froh zu stimmen. David stammte aus einer einfachen Familie und war Hirte. Weil er außergewöhnlich gut Harfe spielen konnte, holte man ihn an Sauls Hof; vielleicht würde ja seine Musik den König aufmuntern? Es sollte nicht lange dauern, bis David berühmt wurde, weil er als Offizier im Heer Sauls einen entscheidenden Sieg über die Philister errang.

◀ Vor dem Kampf suchte David sich fünf Kieselsteine von ungefähr dieser Größe.

Ein Meister mit der Schleuder

Als David gegen Goliat in den Kampf zog, nahm er nur seine Schleuder und fünf glatte Kieselsteine mit. Das war eine einfache Waffe, mit der damals jedes Kind spielte, die man aber auch im Krieg benutzte. Als Hirte hatte David mit einer solchen Steinschleuder wilde Tiere verjagt.

DER MEISTERSCHÜTZE

Die Philister, die alten Feinde Israels, marschierten wieder nach Norden. Im Eichental schlugen sie ihr Heerlager auf. Hier standen sich nun die beiden Armeen gegenüber.
Die Philister besaßen eine ganz besondere Waffe! Das war Goliat – ein Riese von einem Mann. Fast drei Meter war er groß. Tag für Tag schritt Goliat hochmütig auf und ab und verhöhnte seine Gegner.
„Wo ist der beste Kämpfer von Israel? Er soll vortreten! Hat denn keiner von euch Mut?“ Niemand kam. Alle hatten sie Angst.
Unter den Soldaten von König Saul waren auch drei Brüder Davids.
David besuchte sie, um ihnen etwas zum Essen zu bringen. Einmal kam er gerade in dem Augenblick ins Lager, als Goliat herüberbrüllte.
„Wer ist dieser Mann“, fragte David, „daß er es wagt, die Streitmacht des lebendigen Gottes zu verspotten? Laßt mich hingehen und mit ihm kämpfen!“

Die Soldaten lachten nur. Als aber der König davon hörte, ließ er David zu sich kommen.
„Du bist noch so jung“, sagte er. „Wie willst du denn diesen gefährlichen Krieger besiegen?“
„Ich habe schon mit Löwen und Bären gekämpft“, sagte David. „Gott hat mir immer geholfen, und er wird mir auch jetzt beistehen!“
Der König gab David sein Schwert und zog ihm seine Rüstung an. Aber darin konnte sich David nicht bewegen!
„Ich kann nicht kämpfen, wenn ich das alles anhabe“, sagte er und zog die Rüstung des Königs wieder aus. Er nahm seine Schleuder, suchte sich fünf glatte Steine und steckte sie in die Tasche.
Als der Riese den David kommen sah, fing er laut an zu lachen. „Das soll ein Krieger sein! Ist das etwa euer bester Kämpfer?“ spottete er. Doch David erwiderte: „Heute hat dich Gott in meine Hand gegeben.“

Er nahm einen Stein aus der Tasche und legte ihn in seine Schleuder. Er traf Goliat mit einer solchen Wucht an der Stirn, daß dieser zu Boden fiel. David lief zu dem Gegner, nahm das Schwert des Riesen und schlug ihm den Kopf ab.
Als die Philister das sahen, rannten sie davon. Die Israeliten verfolgten sie und trieben sie aus dem Land. Die Schlacht war gewonnen.

16 David – Krieger und Dichter

Nach dem Sieg über die Philister war David der große Held in Israel. Jonatan, Sauls ältester Sohn, war mit David eng befreundet. Aber Saul war eifersüchtig. Er konnte es nicht ertragen, daß die Menschen David zujubelten. Deshalb ließ er ihn von seinen Soldaten verfolgen. David mußte sich wie ein Verbrecher in unzugänglichen Gegenden verstecken. Nur seine besten Freunde standen ihm noch bei.

▲ **Davids Verstecke**
In Felsenhöhlen fanden David und seine Männer ideale Verstecke.

Ein Volksheld

David schaffte es immer wieder, Sauls Nachstellungen und Mordanschlägen zu entkommen. Dadurch wurde er noch berühmter im Volk. Für die Menschen war er eindeutig der Mann, der als nächster König werden sollte. David wußte das schon lange. Vor Jahren hatte Samuel ihn bereits als den von Gott Auserwählten erkannt und heimlich zum König gesalbt.

Aber David versuchte nicht selbst, an die Macht zu kommen. Er wußte, daß Gott den richtigen Zeitpunkt bestimmen würde, wann er König werden sollte.

Sauls Niederlage

Saul kämpfte verzweifelt gegen die Philister, bis er schließlich in einer heftigen Schlacht auf dem Gilboa-Gebirge ums Leben kam. Als er merkte, daß der Kampf aussichtslos war, tötete er sich selbst – um nicht den Philistern in die Hände zu fallen und vielleicht gefoltert zu werden. Mit ihm starben seine Söhne, darunter auch Davids bester Freund Jonatan. Als David von Jonatans Tod erfuhr, stimmte er ein Klagelied an:

> *„Geliebt und hochgeachtet waren sie, im Leben unzertrennlich, Saul und Jonatan – nun sind sie auch im Tode noch vereint! Die Tapfersten sind tot, im Kampf erschlagen.“*
> *2. Samuel 1, 23.27*

◀ **Davids Wasserfall**
Dieser Bach mit seinem Wasserfall bei En-Gedi bringt die ansonsten dürre Wüste Juda zum Blühen. Die Stelle mit ihren Höhlen und dem Bach wurde schon früh mit David in Verbindung gebracht. Ob David tatsächlich hier Unterschlupf suchte, wissen wir nicht. Aber auf jeden Fall konnte man sich hier hervorragend verstecken und hatte auch genügend Trinkwasser. Darum heißt die Stelle „Davids Wasserfall“.

Ein begabter Dichter

Als David noch Schafhirte war, schrieb er schon viele Lieder, in denen er seine Erfahrungen, seine Freude und seine Sorgen ausdrückte. Viele dieser Lieder sind noch heute erhalten, sie sind in der Bibel im Buch der Psalmen zu finden. Die Psalmen sind eine Sammlung von Liedern und Gedichten, die meistens ganz bestimmten Situationen des Alltags entstammen. Es gibt Loblieder und Trauergesänge, Gebete in Krankheitszeit oder die Bitte um Schutz vor Feinden. Nicht alle Psalmen wurden von David geschrieben, aber eine große Anzahl von ihnen. Sie beweisen, daß David ein tiefes Vertrauen zu Gott hatte und über alles mit Gott reden konnte.

▲ **Davids Harfe**
Als Kind spielte David wahrscheinlich eine einfache, selbstgebaute Harfe, die „Kinnor".

Ein Psalm Davids

*Der Herr ist mein Hirte. Mir wird nichts fehlen.
Er weidet mich auf saftigen Wiesen
und führt mich zu frischen Quellen.
Er gibt mir neue Kraft.
Er leitet mich auf sicheren Wegen,
weil er der gute Hirte ist.
Und geht es auch durch dunkle Täler,
fürchte ich mich nicht,
denn du, Herr, bist bei mir.
Du beschützt mich mit deinem Hirtenstab.
Du lädst mich ein und deckst mir den Tisch
vor den Augen meiner Feinde.
Du begrüßt mich wie ein Hausherr seinen Gast
und gibst mir mehr als genug.
Deine Güte und Liebe werden mich begleiten
mein Leben lang;
in deinem Haus darf ich für immer bleiben.*

Psalm 23

Die Psalmen

Für viele Generationen gläubiger Juden waren die Psalmen das Liederbuch. Man sang diese Lieder im Gottesdienst, bei bedeutenden Anlässen, oft auch mit Orchesterbegleitung.
Manche Psalmen wurden regelmäßig bei den großen Festen im Jahreslauf gesungen. Auch Bewegungen und Tanz gehörten dazu.

17 David – ein großer König

David war ein kluger König. Hatte es in Sauls Regierungszeit immer wieder Spannungen und Auseinandersetzungen zwischen den verschiedenen Stämmen gegeben, so bemühte sich David, das Volk zu vereinen. Ein Schlußstrich sollte unter die Vergangenheit gezogen werden. Das gelang David, indem er Jerusalem zur neuen Hauptstadt machte. Jerusalem wurde auch „Stadt Davids“ genannt, weil er selbst sie mit einer kleinen Truppe bestens ausgebildeter Soldaten von den Kanaanitern erobert hatte. Der kanaanitische Name der Stadt war Jebus. Mit dem neuen König und der neuen Hauptstadt brach für die Israeliten eine Zeit des Friedens und des Wohlstands an.

Ein listiger Plan

Mit einer List eroberte David die kanaanitische Stadt, die er später Jerusalem nannte. Mit seinen Soldaten entdeckte er einen unterirdischen Schacht, der in die Stadt führte. Der Tunnel diente dazu, Quellwasser in einen Brunnen der Stadt zu leiten.

Jerusalem

Jerusalem muß schon vorher eine beeindruckende Stadt gewesen sein. Aber David baute sie noch weiter aus. Er ließ Fachleute aus fremden Ländern kommen, die einen neuen Palast entwarfen und bauten. Er sollte so großartig werden wie die Paläste anderer Könige.
David besiegte alle Feinde Israels, auch die gefürchteten Philister. Zum ersten Mal in seiner Geschichte beherrschte Israel tatsächlich fast das ganze Land.
Bei allem Erfolg vergaß David nicht die Geschichte seines Volkes. Die Israeliten waren Sklaven in Ägypten gewesen und mit Gottes Hilfe befreit worden. Die Bundeslade mit den Gesetzestafeln war sichtbares Zeichen für den Bund zwischen Gott und seinem Volk. David ließ die Lade – verbunden mit einer großen Feier – nach Jerusalem bringen. Seitdem war Jerusalem nicht nur die Hauptstadt des Reiches, sondern auch die bedeutendste Anbetungsstätte im Land.

Ein Mensch mit Fehlern

David war ein großer König, aber sein Familienleben verlief weniger glücklich. Er veranlaßte, daß Uria, einer seiner besten Offiziere, im Krieg umkam, damit er dessen schöne Frau Batseba heiraten konnte. Der Prophet Nathan sagte dem König in aller Deutlichkeit, daß diese abscheuliche Tat Gott erzürnte.
Später stellte sich Davids Lieblingssohn Absalom an die Spitze eines Aufstandes gegen seinen Vater. Es kam zum Bürgerkrieg. Als Absalom in der Entscheidungsschlacht gegen Davids Heer ums Leben kam, war David ein gebrochener Mann.

▼ **Im Schacht**
Davids Männer kriechen durch einen Wasserschacht, um in die Stadt einzudringen.

Ein besonderes Versprechen

Gott gab David dieses Versprechen:
„Ich will deinen Nachkommen für immer die Herrschaft erhalten. Dein Königshaus wird für alle Zeiten bestehen“ (2. Samuel 7, 12.13).
Einer von Davids Nachkommen war Jesus. Die Bibel sagt, daß seine Königsherrschaft für alle Zeiten bestehen wird.

▼ **Die Stadt Davids**
Das Modell zeigt, wie Jerusalem zur Zeit Davids ausgesehen haben könnte. Innerhalb der Stadtmauern stehen niedrige Lehmziegelhäuser dicht aneinander gedrängt. Die wenigen größeren Gebäude gehören zum königlichen Hof.

18 Salomo – ein mächtiger Herrscher

Nach Davids Tod wurde Salomo König. Wie Gott es versprochen hatte, übernahm damit einer von Davids Söhnen die Herrschaft. Salomo war ein strenger Herrscher. Er stellte ein starkes Heer mit mehreren tausend Streitwagen und Pferden auf. Nun bestand kein Zweifel mehr, wer das Land unter Kontrolle hatte. Salomos Reich war das mächtigste weit und breit; er trieb sogar Steuern von anderen Völkern ein. Kein Wunder, daß er sehr reich wurde und daß sich sein Ruhm überall herumsprach.
Er brauchte kein großer Kriegsheld mehr zu sein. Saul und David hatten die entscheidenden Schlachten geschlagen, so daß Salomo kaum noch Feinde hatte. Im Gegenteil: Er schloß zahlreiche Bündnisse mit anderen Völkern.

Eine Zeit des Wohlstands

Salomo ließ eine große Schiffsflotte bauen; neue Gewerbezweige entstanden. Die wertvollen Baustoffe und Rohmaterialien kaufte er in den Nachbarländern ein – von denen einige höher entwickelt waren als Israel. Als Salomo sich entschlossen hatte, in Jerusalem neue, großartige Bauwerke zu errichten, ließ er Fachleute aus Tyrus kommen, um diese zu bauen.

▼ Handel mit dem Ausland
Die Karte zeigt die wichtigsten Handelsstraßen durch Israel zur Zeit Salomos.

▲ Kupferbergwerke
Die Stollen in dieser Felswand sind die Eingänge zu Bergwerken. Zur Zeit Salomos wurde bei Ezjon-Geber Kupfer abgebaut.

◀ Handelsschiffe
Das Bild zeigt, wie im Hafen von Ezjon-Geber wertvolle Fracht aus Salomos Handelsschiffen entladen wird. König Hiram von Tyrus (der weltberühmten phönizischen Handelsstadt) schickte Seeleute zur Unterstützung von Salomos Männern.

Salomos Frauen

Wenn im Altertum ein Land mit einem anderen gute Beziehungen pflegte, war es üblich, daß der König eine Frau aus diesem Volk heiratete. So kam es, daß Salomo viele Frauen aus verschiedenen Ländern hatte. Diese Heiratspolitik entsprach zwar den damaligen Gewohnheiten, war aber nicht nach Gottes Willen. Die fremdländischen Frauen brachten ihre Götter mit und verführten die Israeliten dazu, diese ebenfalls anzubeten.

19 Salomo baut den Tempel

Schon als König David regierte, war die Bundeslade nach Jerusalem gebracht worden. Diese Lade bedeutete dem Volk sehr viel. Wenn die Menschen sie sahen, erinnerten sie sich an Gottes große Liebe zu ihren Vorfahren, die in Ägypten Sklaven gewesen waren. Die Lade erinnerte sie auch an Gottes Gebote und sollte deshalb einen Ehrenplatz in der neuen Hauptstadt bekommen.
Lange bevor Salomo König wurde, hatte David schon die Stelle ausgewählt, an der später der große Tempel errichtet und die Bundeslade aufbewahrt werden sollte. Aber erst Salomo konnte den Tempel tatsächlich bauen. Er kaufte die edelsten Baustoffe und stellte die besten Arbeiter ein. Keine Kosten wurden gescheut. Die Israeliten waren gefürchtete Krieger, aber sie hatten wenig Erfahrung, wie man großartige Bauwerke entwarf. Salomo holte sich deshalb bei anderen Völkern Rat. Hiram, der König von Tyrus, unterstützte ihn, indem er hochwertiges Zedernholz lieferte und sogar Arbeiter zur Verfügung stellte.
Sieben Jahre nahmen die Bauarbeiten in Anspruch. Als der Tempel endlich fertig war, war das Volk begeistert. Man feierte ein großes Fest, als die Bundeslade in den innersten Raum des Tempels, in das Allerheiligste, gebracht wurde. Von da an pilgerten die frommen Juden an allen großen Festen zum Tempel in Jerusalem.
Der Tempelbau machte Salomo berühmt. Viele Jahrhunderte lang blieb sein Name fest mit diesem Bauwerk verbunden.

Wer zahlt?

Salomo war bei vielen seiner Untertanen nicht gerade beliebt. Die meisten Menschen wohnten in kleinen Dörfern auf dem Land. Sie mußten hohe Steuern zahlen, weil Salomo soviel Geld für den Bau des Tempels, für prächtige Paläste und seine vielen Frauen ausgab.

Große und kleine Schätze
Am Tempeleingang befanden sich zwei riesige freistehende Säulen, die man Jachin und Boas nannte.
Für den Gottesdienst im Tempel wurden kunstvoll verzierte Geräte aus reinem Gold hergestellt. Sie könnten so ähnlich ausgesehen haben wie diese modernen Nachbildungen.

Im Tempel

Alle Gegenstände, die im Tempel benutzt wurden, mußten handgefertigt sein. Die besten Kunsthandwerker waren damit beschäftigt, edle Metalle zu schmieden, Holz zu schnitzen, Steine zu behauen und prächtige Stickereien herzustellen. Dann mußte alles passend zusammengefügt werden.
Die Abbildung zeigt die mit Zedernholz getäfelten Wände. Sie waren mit Schnitzereien verziert und mit Gold überzogen. Selbst der Fußboden war mit Goldplatten verkleidet. Im Hintergrund sieht man das Allerheiligste. Die beiden vergoldeten Engelfiguren aus Olivenholz sind Sinnbilder dafür, daß Gott die Bundeslade beschützt.
Auf dem Bild stehen die Türen zum Allerheiligsten offen. Der Künstler wollte dem Betrachter ermöglichen, einen Blick in den Raum kurz vor der Fertigstellung zu werfen. Später durfte das Allerheiligste nur einmal im Jahr, am Versöhnungstag, vom Hohenpriester betreten werden.

Salomos Gebet

Bei der Einweihung des Tempels betete Salomo am Altar:

„Herr, du Gott Israels! Weder im Himmel noch auf der Erde gibt es einen Gott wie dich. Du stehst zu deinem Bund und erweist deine Liebe und Güte allen, die dir mit ungeteiltem Herzen dienen. Du hast das Versprechen, das du meinem Vater David gegeben hast, gehalten. Aber bist du nicht viel zu erhaben, um bei den Menschen zu wohnen? Ist doch selbst der ganze weite Himmel zu klein für dich, geschweige denn dieser Tempel, den ich gebaut habe. Höre mein Gebet und die Gebete deines Volkes, wenn wir an dieser Stätte zu dir rufen. Erhöre uns und vergib uns alle Schuld."

1. Könige 8, 23-28.36

20 Salomos Klugheit

Gott hatte versprochen, Salomo Klugheit zu schenken. Und in der Tat: Salomo war ein weiser Mann. Die Bibel berichtet, daß er dreitausend Sprichwörter schrieb und sich auf allen möglichen Gebieten auskannte: von der Astronomie bis zur Tier- und Naturkunde.
In seiner Regierungszeit herrschte Frieden in Israel, deshalb konnte man in Ruhe Schulen gründen, Bücher schreiben und die Natur erforschen.

Musik im Tempel

Da es nun einen Tempel gab, brauchte man Lieder für den Gottesdienst. Die ersten Liederbücher wurden zusammengestellt. Musiker gründeten ein Tempelorchester, Schauspieler und Tänzer traten dort auf. Der Gottesdienst war ein festliches Ereignis.

Die Bibel entsteht

Schreibkundige Gelehrte fingen an, die lange Geschichte ihres Volkes aufzuschreiben: wie aus zerlumpten Sklaven ein großes und mächtiges Volk geworden war. Zur Zeit Salomos wurden viele Berichte über Mose, Josua und andere bedeutende Führer gesammelt.

Hier sind einige Kostproben aus den Sprüchen Salomos:

„Schnell erschwindelter Reichtum verliert sich; langsam erarbeiteter Reichtum vermehrt sich."
Sprüche 13,11

„Wo kein Holz mehr ist, geht das Feuer aus; und wo kein Klatsch mehr ist, hört der Streit auf."
Sprüche 26,20

„Sieh dir die Ameise an, du Faulpelz!
Nimm dir ein Beispiel an ihr,
damit du gescheit wirst.
Wer nicht arbeiten will, wird in Armut enden."
Sprüche 6,6-11

Salomos Schriften

Nach jüdischer Überlieferung schrieb Salomo einige biblische Bücher selbst: die Sprichwörter (Sprüche), das Buch Prediger und das Hohelied.
Das Buch Prediger ist ein sehr ernüchterndes Buch. Der Schreiber stellt sich viele Fragen über den Sinn des Lebens, um dann festzustellen: Alles, was wir besitzen, ist vergänglich. Wer sein Leben nur auf Geld und Besitz aufbaut, hat vergebens gelebt.
Das Hohelied Salomos ist eine Sammlung von Liebesgedichten.
Die Sprichwörter (Sprüche) enthalten Lebensweisheiten zu allen möglichen Themen des Alltags.

DIE KÖNIGIN VON SABA

In der ganzen Welt war Salomo wegen seiner Weisheit berühmt. Die Nachricht davon brachten Kaufleute durch die Wüste bis in das Land der Königin von Saba. Die Königin war neugierig geworden und wollte selbst herausfinden, was für ein Mensch dieser König Salomo war. Mit einem großen Gefolge, mit vielen Kamelen, die mit Gewürzen, Juwelen und Gold beladen waren, machte sie sich auf die lange Reise.
In Jerusalem wurde die Königin in den Palast geführt. Dort gab sie Salomo schwierige Rätsel auf und stellte ihm alle möglichen Fragen. Er beantwortete sie alle! Dann wurde sie im Palast herumgeführt. Sie sah die Speisen, die für die Tafel des Königs zubereitet wurden, die Staatsdiener in ihren kostbaren Kleidern, und sie war sprachlos vor Staunen.
„Ich hatte nicht glauben wollen, was man mir von dir erzählt hat“, sagte sie zu König Salomo. „Doch nun habe ich mich selbst davon überzeugt – Gott hat seinem Volk wirklich einen weisen König gegeben, weil er es liebt.“
Sie überreichte dem König die Geschenke, die sie mitgebracht hatte: seltene Gewürze, Edelsteine und Gold. Und auch Salomo beschenkte sie reich. Dann kehrte die Königin von Saba in ihr Land zurück.

Mehr entdecken

Wenn du mehr darüber wissen willst, was du in den einzelnen Kapiteln dieses Buches gelesen hast, kannst du die Geschichten ausführlicher in der Bibel nachlesen. Wir verwenden die übliche Form, um auf Bibelstellen zu verweisen:
Jedes Buch der Bibel ist in Kapitel und Verse unterteilt. Ein Beispiel: 1. Samuel 9, 1-27. Diese Angabe bedeutet: das 1. Buch Samuel (es gibt nämlich zwei), das 9. Kapitel und dort die Verse 1 bis 27.

1 Auszug aus Ägypten

Israel

2. Mose 1-12
2. Mose 12-40
Josua
Richter
1. Samuel
2. Samuel
1. Könige 1-2
2. Könige 2-11

Mesopotamien

2. Könige 15, 19
1. Chronik 5, 26
Josua 1,4

2 Ein neuer Führer

5. Mose 31, 1-8; 34, 9;	
Josua 1-3;	Josua wird Moses Nachfolger
Richter 6-8	
2. Mose 17, 8-15	
Josua 1, 9	

3 Die Kanaaniter

Josua 11, 1-5	Könige der Kanaaniter
3. Mose 19, 14-15	Rechtsgrundsätze
4. Mose 33, 50-52	Die Zerstörung der Götzenbilder
1. Könige 18, 16-40	Elia und die Propheten Baals

4 Vor den Toren Jerichos

Hebräer 11, 13;	
Jakobus 2, 25	Rahab im Neuen Testament
Josua 2, 1-21	Josua und die Kundschafter in Jericho
Josua 3	Die Israeliten durchqueren den Jordan

5 Jericho – eine erstaunliche Stadt

Josua 6	Die Eroberung Jerichos

6 Freunde und Feinde

Josua 24	Die Volksversammlung in Sichem
Josua 10	Der Sieg über die Amoriter
Josua 13-21	Die Verteilung des Landes
Josua 24, 29-30	Josuas Begräbnis

7 Die Richter

Richter 2, 11-23	Die Israeliten vergessen Gott
Richter 4, 4-10	Debora und Barak
Richter 5	Deboras und Baraks Lied
Richter 5, 19-21	

8 Gideon – ein mutiger Mann

Richter 6	Gideon
Richter 6, 36-40	Gideon und das Schaffell
Richter 7, 1-21	Gideon besiegt die Midianiter

9 Die Philister

1. Samuel 5, 1-5	Dagon
Richter 2, 11-13	Astarte
2. Könige 1, 16-17	Baal-Sebub

10 Simson – ein starker Mann

Richter 13	Simsons Geburt
Richter 14, 5-6; 15, 1-5; 16-17; 16, 2-3	Simson besiegt die Philister
Richter 12, 7; 1. Samuel 1, 11; Lukas 1, 15	Die Nasiräer
Richter 16, 4-22	Simson und Delila
Richter 16, 23-30	Simsons Tod

11 Rut – die Ausländerin

Rut 1, 1-18	Rut und Noomi kehren nach Bethlehem zurück
Rut 2-4	Rut und Boas
3. Mose 19, 9-10	Das Erntegesetz
5. Mose 25, 5-6	Das Witwengesetz
2. Mose 22, 22-27	Schutz für die Schwachen

12 Samuel – der letzte Richter

1. Samuel 1, 1-18	Hanna betet um ein Kind
Josua 18, 1	Der Tempel in Silo
1. Samuel 3	Samuel im Tempel
1. Samuel 7, 3-17	Samuel führt das Volk zu Gott zurück

13 Saul – der erste König

1. Samuel 4-6	Der Weg der Bundeslade
1. Samuel 9	Die entlaufenen Eselinnen
1. Samuel 8, 11-18	Samuel warnt vor einem König
1. Samuel 10, 1	Samuel salbt Saul
1. Samuel 10, 22-23	Saul versteckt sich

14 Saul – ein mutiger Führer

1. Samuel 11	Saul besiegt die Amoriter

15 David – der Hirtenjunge

1. Samuel 16, 14-16	Saul ist niedergeschlagen
1. Samuel 17, 20-54	David und Goliat

16 David – Krieger und Dichter

1. Samuel 19-26	David und Saul
1. Samuel 16, 13	Samuel salbt David heimlich zum König
2. Samuel 1, 23 u. 27	

17 David – ein großer König

2. Samuel 5, 6-7	David erobert Jerusalem
2. Samuel 5, 9-12	David baut seine Stadt aus
2. Samuel 11-12	David und Batseba
2. Samuel 15-18	David und Absalom
2. Samuel 7, 16	

18 Salomo – ein mächtiger Herrscher

1. Könige 4, 21	Salomos Reich
1. Könige 5	Salomo bereitet den Tempelbau vor
1. Könige 1, 1-4	Salomos Frauen

19 Salomo baut den Tempel

1. Könige 6-8	Salomo baut den Tempel

20 Salomos Klugheit

1. Könige 4, 29-34	Salomo – ein kluger Mann
1. Könige 10, 1-13	Der Besuch der Königin von Saba
Sprüche 13, 11	
Sprüche 26, 20	
Sprüche 6, 6-11	

Stichwortverzeichnis